CONFÍA EN DIOS, ¡ESPERA EN ÉL Y ÉL HARÁ!

CONFÍA EN DIOS, ¡ESPERA EN ÉL Y ÉL HARÁ!

DEVOCIONAL DIARIO: 40 DÍAS CONFIANDO EN DIOS

GERALDIN GAMBOA MARTÍNEZ

TALENTO

PUBLICACIONES

2025

VERSIONES BÍBLICAS UTILIZADAS:
RVR1960: Reina Valera Revisada 1960
NVI: Nueva Versión Internacional
NTV: Nueva Traducción Viviente
NBLA: Nueva Biblia de las Américas
RVC: Reina Valera Contemporánea
PDT: Palabra de Dios para Todos

Título: *Confía en Dios, ¡espera en Él, y Él hará!*
Autor: Geraldin Gamboa Martínez

I.S.B.N.: 979-13-991270-3-4

Edita: TALENTO Publicaciones
        (Samuel Juliá Cristóbal)
        E-mail: info@talentopublicaciones.com
        Web: www.talentopublicaciones.com

Edición POD.

© Geraldin Gamboa Martínez 2025

ÍNDICE

EL ORIGEN DE ESTAS LÍNEAS

Este devocional surge del profundo amor que siento hacia Dios. No estaba en mis planes escribirlo; sin embargo, el Señor tocó mi corazón para sembrar una pequeña semilla que pueda servir de ayuda a cualquier persona en el mundo que desee conocerlo a Él, que busque descubrir su maravilloso e incomparable amor, su gran misericordia y su inmensa fidelidad.

A través del proceso que me ha permitido vivir, comprendí el significado de *esperar* y *confiar* en Él, de tener paz y paciencia en medio de cada dificultad o contratiempo. Actualmente Dios sigue trabajando en mi vida y moldeándome según su voluntad.

Desde lo más profundo de mi corazón espero que estas líneas te sirvan de ayuda, te acerquen a Dios y te permitan conocerlo más.

Recuerda que Dios te ama profundamente, y su deseo es que experimentes su amor y vivas una vida en comunión con Él.

¡No hay mejor vida que la que se vive junto a Él!

PRÓLOGO

Confiar en Dios es creer en Él, en su voluntad, en sus promesas y en sus planes. Ahora bien, algunas personas se preguntarán: ¿Cómo puedo confiar en Él? El primer paso que debes dar es entregarle tu vida, y el segundo, tener la certeza de que Él te guiará por el camino correcto y estará presente en todo tiempo, aun en los momentos más difíciles de tu vida.

Al confiar en el Señor estamos reconociendo su poder, su sabiduría y su amor hacia nosotros.

Asimismo, reconocemos que Él tiene el control de cada área de nuestra vida y que sus planes siempre son mejores que los nuestros, pues su Palabra dice en Jeremías 29:11 (NVI): «Porque yo conozco los planes que tengo para ustedes —afirma el Señor—, planes de bienestar y no de calamidad, a fin de darles un futuro y una esperanza».

Este acto de *confiar* sin importar lo que suceda, sabiendo que solo Dios conoce lo que es mejor para cada uno de nosotros, nos permite experimentar paz y esperanza en medio de cada dificultad y nos fortalece para afrontar las próximas pruebas con valor y gratitud.

Te invito a que me acompañes en este desafío de leer, entender y aplicar algunos principios espirituales en tu vida diaria, con el objetivo de fortalecer tu confianza en Dios.

Que Dios te bendiga y que estos cuarenta días confiando en Dios sean de bendición para tu vida.

Día 1

Confía en Dios con todo tu corazón

Confía **en el Señor de todo corazón y no te apoyes en tu propia inteligencia. Reconócelo en todos tus caminos y él enderezará tus sendas** (Proverbios 3:5-6 NVI, énfasis añadido).

La Palabra de Dios nos revela que debemos confiar en Él «de todo corazón» y no en nuestra «inteligencia» o sabiduría. ¿Pero qué significa confiar «de todo corazón»? Significa tener una fe profunda y sincera, es decir, creer plenamente en Él sin dudar en ningún momento.

Muchas veces nos aferramos a nuestra propia inteligencia y confiamos en nuestras capacidades y decisiones; creemos que podemos decidir de manera independiente, y es justo entonces cuando confiamos en nosotros mismos y fallamos. La Escritura dice en Proverbios 3:7 (NVI): «No seas sabio en tu propia opinión; más bien, teme al Señor y huye del mal».

De modo que nos damos cuenta de que nuestra inteligencia es muy limitada, mientras que la de Dios es completamente ilimitada. Él es soberano y sabio, y, por ello, es fundamental confiar y depender de su guía en cada situación. Debemos buscar su dirección constantemente y reconocerlo en cada decisión que tomemos.

De esta manera, nuestro camino será seguro y podremos vencer toda dificultad que se nos presente, no con nuestras propias fuerzas o capacidades, sino con su poder y ayuda.

Desafío diario

Hoy el Señor te está diciendo una y otra vez: «Confía, confía, confía en mí de todo corazón». Piensa en algo que en este momento te esté impidiendo confiar de todo corazón y da un paso de fe que le demuestre a Dios que confías y confiarás en Él.

Día 2

Dios es tu camino

Encomienda a Jehová tu camino, y *confía* en él; y él hará (Salmo 37:5 RVR1960, énfasis añadido).

Dios nos llama a dejar nuestra vida en sus manos. Él desea que le entreguemos nuestro corazón, nuestros sueños y anhelos. Y no solo esto: también desea que confiemos en que Él hará realidad cada uno de nuestros planes.

Sin embargo, para que esto suceda, debemos tener en cuenta que nuestras peticiones deben estar alineadas con su voluntad, que el mayor deleite de nuestra vida debe ser Él —como revela su Palabra en el Salmo 37:4 (RVR1960): «Deléitate asimismo en Jehová, y él te concederá las peticiones de tu corazón»— y, finalmente, que no será a nuestra manera ni en nuestros tiempos ni con la respuesta que esperamos, sino con toda seguridad será mejor, en el momento perfecto para cada uno de nosotros y a la manera que necesitamos conforme a la sabiduría y el propósito de Dios.

Al poner toda la confianza en Dios y cederle el control de nuestra vida, sentimos paz, nos liberamos de las preocupaciones, notamos el apoyo de alguien que nos protege y pelea por nosotros, y vivimos de manera plena y feliz, entendiendo que lo que está fuera de nuestro control no está fuera del control de Dios. De modo que, cuando confiamos, le estamos diciendo: «Papá, yo confío en ti y en el camino que tienes para mí». Esa confianza alegra a Dios y permite que Él actúe a nuestro favor.

Desafío diario

Dedica unos minutos de tu tiempo a reflexionar en la confianza que tienes en Dios: ¿Realmente confías en Él y le encomiendas tu camino?

Día 3

¡Confía, Jesús ha vencido al mundo!

Estas cosas os he hablado para que en mí tengáis paz. En el mundo tendréis aflicción; pero *confiad,* yo he vencido al mundo (Juan 16:33 RVR1960, énfasis añadido).

Jesús comparte un mensaje a sus discípulos para incentivarlos a buscar tranquilidad en medio de las adversidades. Él no promete que no vaya a haber aflicción; al contrario, nos revela y nos advierte que habrá aflicción, pero que, a pesar de ello, podremos experimentar una paz interior que sobrepasa todo entendimiento. Filipenses 4:7 (NVI) dice: «Y la paz de Dios, que sobrepasa todo entendimiento, cuidará sus corazones y sus pensamientos en Cristo Jesús»; esto significa que podemos tener esa paz si apartamos nuestra mirada de la aflicción y la enfocamos en nuestro Creador.

Jesús no ocultó la verdad: mientras estemos en esta vida terrenal habrá momentos de tristeza, tribulación, pérdida, angustia y dolor; sin embargo, debemos mantener la confianza a pesar de las circunstancias adversas que estemos atravesando, porque Él estará con nosotros de día y de noche.

¡¡«Confiad, yo he vencido al mundo»!! Jesús nos muestra que Él ya venció al mundo a través de su sacrificio en la cruz por amor a nosotros y, como vencedor, nos asegura que nosotros también tendremos victoria en cada dificultad, porque es Él quien nos dará la fortaleza, la perseverancia y la solidez para afrontar cualquier situación.

En los momentos difíciles es muy importante que nos aferremos a nuestra fe y confiemos en Dios, quien nos revelará su gran amor y nos mostrará que, en ocasiones, es necesario atravesar situaciones adversas y depender totalmente de Él, porque solo de esta forma podemos fortalecernos, desarrollar un carácter semejante al de Cristo y crecer espiritualmente.

Desafío diario

Te invito a que hagas una oración donde le expreses a Dios que confías en Él a pesar de la aflicción por la que estás pasando.

Día 4

Tu oración es poderosa y eficaz

Y esta es la *confianza* que tenemos en él, que si pedimos alguna cosa conforme a su voluntad, él nos oye (1 Juan 5:14 RVR1960, énfasis añadido).

¿Alguna vez te has preguntado si Dios oye tus oraciones? Su Palabra dice que, si pedimos algo según su voluntad, Él nos escucha, pero debemos ser capaces de entender que nuestras peticiones deben estar alineadas con su voluntad; es decir, nuestro corazón debe conectarse con los planes de Dios, debemos pedir conforme a lo que Él desea para nosotros.

¿Y cómo podemos hacer esto? Antes de presentarle una petición, debemos pedir al Espíritu Santo que interceda por nosotros, que nos permita reflexionar sobre si lo que estamos pidiendo va a glorificar a Cristo, dejando de lado nuestro beneficio personal. Al pedir alineados a su voluntad, nuestra oración será poderosa y eficaz.

Entonces, ¿por qué a veces pedimos y no hay respuesta?

1. Porque pedimos mal: no pedimos conforme a la voluntad de Dios, sino conforme a nuestros deleites. Santiago 4:3 (NVI) dice: «Y cuando piden, no reciben porque piden con malas intenciones, para satisfacer sus propias pasiones».

2. Porque pedimos sin tener fe. Santiago 1:6 (PDT) dice: «Pero debe pedirle a Dios con fe, sin dudar nada. El que duda es como una ola del mar que el viento se lleva de un lado a otro».

3. Porque pedimos cuando no es el tiempo correcto para la respuesta a esa petición. El Salmo 37:7 (NTV) dice: «Quédate quieto en la presencia del Señor, y espera con paciencia a que él actúe…».

Al orar, es muy importante tener en cuenta estos tres aspectos y confiar en la sabiduría, la soberanía y el poder de Dios. Él siempre está atento a nosotros y tiene un plan perfecto para nuestras vidas.

Desafío diario

Haz esta pequeña oración: «Padre, te pido que me enseñes a confiar en ti y que mi corazón esté alineado con el tuyo. Confío en tus planes y en tu voluntad. Amén».

Día 5

¡No tengas miedo, confía!

Cuando siento miedo, pongo en ti mi *confianza* (Salmo 56:3 NVI, énfasis añadido).

El miedo es una emoción natural que se produce ante la presencia de un peligro real o imaginario; es un sentimiento que todos hemos vivido o que viviremos en algún momento. De hecho, en la vida diaria todos nos enfrentamos a momentos de temor, pero este salmo nos recuerda que, hasta en los días en que más temamos, podemos confiar en Dios.

En algunas situaciones, el temor puede invadirnos e impedir que avancemos. Es normal experimentar esta emoción, ya que somos seres humanos y tenemos emociones, pero nuestro temor no puede ser mayor que nuestra fe. Confiar en Dios no implica que el miedo desaparezca de inmediato. ¡No, eso no ocurrirá! La verdadera confianza se basa en que, aun en medio de esas situaciones que nos generan temor, elegimos persistir en nuestra fe, y lo hacemos porque sabemos quién es nuestro Dios y estamos convencidos de ello.

El salmista no se centró en su miedo; se centró en la confianza que tenía en Dios, porque sabía que, si se centraba en su miedo, más miedo iba a generar. Él decidió decirle a Dios: «Yo temo, pero en ti confío». El salmista puso en práctica esta palabra: «El perfecto amor echa fuera el temor» (1 Juan 4:18 RVR1960). Esto nos revela que, si conectamos nuestros pensamientos con Dios y ponemos nuestra confianza en Él, vamos a vencer nuestros miedos y vamos a encontrar refugio y paz.

Desafío diario

Enfréntate a un miedo que tengas y confía en Dios. No te centres en tu miedo: ¡decide confiar!

Día 6

Dios cuida de tu sueño

En paz me acostaré, y asimismo dormiré; porque solo tú, Jehová, me haces vivir *confiado* (Salmo 4:8 RVR1960, énfasis añadido).

Un buen descanso es esencial para nuestro bienestar, no solo físico, sino también espiritual. Este descanso está estrechamente relacionado con la paz que tenemos a la hora de dormir, una paz que solo podemos encontrar en Dios. Para disfrutar de ella, es necesario confiar en Él y dejarlo todo en sus manos, pues solo de esta forma podremos vivir sin cargas, afanes y miedos; además, podremos disfrutar de un buen dormir, que nos permitirá renovar nuestra mente y cuerpo.

Al confiarle a Él hasta nuestro sueño, Dios se manifiesta como el Padre y Protector amoroso que nos cuida. Esta promesa está revelada en el Salmo 121:4-5 (RVC): «Toma en cuenta que nunca duerme el protector de Israel. El Señor es tu protector; el Señor es como tu sombra: ¡siempre está a tu mano derecha!». Este salmo nos transmite el gran amor de Dios hacia nosotros, nos hace sentir protegidos y refugiados, y, a la hora de dormir, nos garantiza que nuestro descanso será dulce y grato.

Es esencial terminar el día con una oración a Dios donde derramemos nuestro corazón y le entreguemos toda preocupación, temor e inquietud. Hacer esto nos permite descansar y confiar en que Él cuidará de nuestro sueño y de nuestros asuntos. Es importante mencionar y tener presente que de nada nos sirve angustiarnos ni pasar una noche en vela; el desvelo y el exceso de pensamientos no van a traer solución a nuestros problemas. En cambio, confiar en Dios nos ayudará a encontrar paz en medio de la dificultad.

Desafío diario

Dedica tiempo a la oración antes de ir a dormir y confía en que Dios cuidará de tu sueño.

Día 7

Dios es quien renueva tus fuerzas

Pero los que *confían* en el Señor renovarán sus fuerzas; levantarán el vuelo como las águilas, correrán y no se fatigarán, caminarán y no se cansarán (Isaías 40:31 NVI, énfasis añadido).

La Biblia nos enseña que, al confiar en Dios, tendremos renovación de fuerzas cada día. Nuestro Creador nos anima, nos acompaña y nos fortalece para afrontar las dificultades y los desafíos que se nos presenten en el camino. Él nos relaciona con las águilas. Estas aves representan la fuerza y la valentía para volar a grandes alturas. Además, pasan por un proceso —doloroso, pero necesario— llamado muda o renovación en el que pierden su pico, sus uñas y sus plumas viejas y débiles a fin de que se renueven y terminen siendo más fuertes.

Al relacionar este versículo con la fortaleza de las águilas, podemos entender que, cuando confiamos en Dios, Él nos renueva las fuerzas de manera sobrenatural, permitiendo que nos levantemos y nos elevemos por encima de nuestros problemas con valor y determinación, tal como hacen estas aves.

Por otro lado, nos asegura que correremos y caminaremos sin cansarnos ni fatigarnos. Esto nos muestra que el camino de nuestra vida no es fácil: al contrario, es arduo, y en ocasiones podemos perder las fuerzas y dejarnos llevar por el desánimo. Sin embargo, la esperanza y la confianza en Dios deben prevalecer. Él desea que confiemos en su Palabra y en las promesas que tiene para nosotros. Una de ellas se encuentra en Isaías 40:29 (RVR1960): «Él da esfuerzo al cansado, y multiplica las fuerzas al que no tiene ningunas». Con esto de nuevo afirma que la fortaleza y la renovación provienen exclusivamente de Él

Desafío diario

Reflexiona: ¿Realmente confías en que Dios renueva tus fuerzas cada mañana?

Día 8

Eres dichoso por confiar en el Señor

Porque sol y escudo es Jehová Dios; gracia y gloria dará Jehová. No quitará el bien a los que andan en integridad. Jehová de los ejércitos, dichoso el hombre que en ti *confía* (Salmo 84:11-12 RVR1960, énfasis añadido).

Este salmo nos recuerda que Dios es nuestro «sol», pues nos permite ver con claridad e ilumina y fortalece nuestro existir. Asimismo, es nuestro «escudo» y protector constante en todas las circunstancias de la vida.

El salmista expresa que el Señor nos ha dado «gracia y gloria», una gracia que no merecemos y que fluye de su amor inagotable hacia nosotros. Por ello, promete no quitar su favor de aquellos que «andan en integridad», ya que valora nuestros esfuerzos por vivir una vida transparente y honesta. Este favor va más allá de lo que podamos imaginar: no se limita a las bendiciones transitorias que pueden sernos quitadas en cualquier momento; implica su promesa de estar a nuestro lado en todo tiempo, restaurándonos y transformándonos internamente. ¡Estas son las verdaderas bendiciones para nuestra vida! Nada se compara con el valor de su presencia.

Por último, el salmista afirma que las personas que confían en Dios son verdaderamente dichosas. Por esta razón, es fundamental estar gozosos aun cuando sabemos que la vida representa desafíos, pues debemos recordar que nuestra confianza está en Él. Nuestro Padre es el único refugio seguro que tenemos, como se menciona en Nahum 1:7 (RVC): «El Señor es bueno; es un refugio en el día de la angustia. El Señor conoce a los que en él confían».

Desafío diario

Te invito a que pienses en tres cosas en las que hayas visto el favor de Dios. Agradécele por cada una de ellas y exprésale que seguirás confiando en Él.

Día 9

Pon tu confianza en el Señor

Bendito el hombre que *confía* en el Señor y pone su confianza en él. Será como un árbol plantado junto al agua que extiende sus raíces hacia la corriente; no teme que llegue el calor y sus hojas están siempre verdes. En época de sequía no se angustia y nunca deja de dar fruto (Jeremías 17:7-8 NVI, énfasis añadido).

Dios nos declara lo que sucede cuando ponemos nuestra confianza en Él. Nos dice que seremos «como un árbol plantado junto al agua». El árbol nos representa a nosotros como personas, y las raíces que se extienden «hacia la corriente» simbolizan nuestra fe. Es esencial que esas raíces estén fuertes y sólidas; por esa razón, debemos tener una relación profunda con Dios y una dependencia absoluta de Él, estar firmes y cimentados en su Palabra.

Este árbol no teme la llegada del calor, el sol y la sequía. En otras palabras, no se aflige ni se inquieta. Esto nos enseña que, por más problemas, obstáculos y circunstancias adversas que pasemos, si estamos conectados con Dios y confiamos en Él, tendremos la capacidad de resistir sin angustiarnos, porque sabemos que Dios es quien renueva nuestras fuerzas y nos da la entereza que necesitamos para superar cualquier desafío y generar frutos, aun en tiempo de tribulación.

Cuando confiamos en Dios y dependemos completamente de Él, experimentamos paz a pesar de las dificultades; y, además, dice su Palabra que somos *benditos,* lo que significa que recibimos bendiciones de amor, protección, sabiduría, discernimiento, apoyo y compañía.

Si mantenemos nuestra confianza en Dios, Él se alegrará al ver nuestra firmeza y perseverancia, y recibiremos bendiciones aun en los malos tiempos. Del mismo modo, nos capacitará para afrontar nuevos desafíos con más valentía y confianza, y con una fe fortalecida e inquebrantable.

Desafío diario

Haz esta oración: «Amado Padre, soy feliz y afortunado/a porque he puesto mi confianza en ti. Te pido que me sigas ayudando a permanecer en tu Palabra. Amén».

Día 10

La esencia de la paz es confiar

¡Tú guardarás en perfecta paz a todos los que _confían_ en ti, a todos los que concentran en ti sus pensamientos! (Isaías 26:3 NTV, énfasis añadido).

Isaías nos manifiesta que tendremos «perfecta paz» si confiamos en Dios. «Perfecta paz» significa una paz completa, incomparable, que trae libertad, gozo y armonía permanentes.

En ocasiones, la buscamos en distintos aspectos de nuestra vida, como el trabajo, el dinero, las compras o los viajes, por ejemplo. No está mal disfrutar de estas cosas, ya que nos brindan comodidad y estabilidad financiera, y, por ende, tranquilidad.

Sin embargo, ese no es el origen correcto de la paz: no debemos depender de estas fuentes de satisfacción para encontrar la paz interior. Nuestra paz debe estar cimentada en Dios. Solo en Él la encontraremos de manera completa y duradera, no de forma momentánea, como la da el mundo (_cf._ Juan 14:27 RVR1960).

Asimismo, Isaías nos declara que tendremos paz si dirigimos nuestros pensamientos a Dios, concentrándonos plenamente en nuestro Creador.

Como seres humanos, no podemos evitar tener pensamientos dispersos en algunos momentos, pero podemos decidir en qué nos vamos a concentrar y enfocar: podemos hacer que nuestro pensamiento se establezca en Dios siendo intencionales y ocupando nuestra mente en asuntos del Cielo y no del mundo. La Palabra de Dios dice en Filipenses 4:8 (PDT): «En fin, hermanos, piensen en todo lo que es verdadero, noble, correcto, puro, hermoso y admirable. También piensen en lo que tiene alguna virtud, en lo que es digno de reconocimiento. Mantengan su mente ocupada en eso».

Desafío diario

Reflexiona: ¿Cuál es la fuente de tu paz?

Día 11

El Señor es tu ayuda

Los que temen al Señor, *confíen* en él; él es su ayuda y su escudo (Salmo 115:11 NVI, énfasis añadido).

El temor a Dios no consiste en sentir miedo o terror de Él, sino, más bien, un profundo respeto, amor y admiración hacia Él; es reconocer su poder, soberanía y santidad.

Cuando tememos al Señor, intentamos hacer cosas agradables a Él, obedecemos a lo que nos pide, buscamos su guía en todo momento y vivimos según todas sus enseñanzas.

Muchas veces se nos cuestionan nuestras acciones; es común escuchar preguntas como: «¿Dios te prohíbe hacer esto?»; o: «¿Por qué eliges no hacer esto?». Nuestra respuesta es sencilla: «Por temor a Dios». No se trata de que Dios nos lo prohíba; se trata de que le amamos y optamos por no contristar su corazón haciendo cosas que no son de su agrado. Nuestra motivación no es la obligación: es la libre decisión de alejarnos del mal y actuar con sabiduría. En Proverbios 8:13 (RVC), dice: «El temor del Señor es aborrecer el mal; yo aborrezco la soberbia y la arrogancia, el mal camino y la boca perversa».

El salmista revela que las personas que tememos a Dios —es decir, las personas que guardamos sus mandamientos y somos fieles— podemos confiar totalmente en Él. ¡Qué maravillosa noticia y qué afortunados somos!

Dios nos ve desde lo alto y actúa como nuestro «escudo» y «ayuda» cuando lo necesitamos; se implica de manera plena en nuestras vidas y nos ofrece su protección y auxilio en cada situación o dificultad que se nos presente.

Desafío diario

Dedica unos minutos a reflexionar acerca del temor de Dios y la confianza en Dios.

Día 12

Tu actitud es lo que le importa a Dios

El hombre arrogante provoca rencillas, pero el que *confía* en el Señor prosperará (Proverbios 28:25 NBLA, énfasis añadido).

«El hombre arrogante», lleno de soberbia y altivez, busca la superioridad frente a los demás y «provoca rencillas», es decir, conflictos y discordias.

En contraste, el hombre que confía en Dios es prosperado. Entonces ¿qué nos enseña el proverbista al respecto? Nos enseña que confiar en Dios implica renunciar al orgullo y actuar de manera humilde. La humildad es una actitud que Dios valora y es esencial para mantener una relación verdadera y auténtica con Él y con los demás.

La Biblia nos enseña a rechazar la arrogancia y actuar con sencillez y confianza. Debemos identificar nuestros errores, pedir perdón cuando fallamos, reconocer que nos equivocamos, poner fin a las discordias, ceder en nuestro orgullo, parecernos más a Dios y reflejar sus cualidades, recordando que la Palabra dice que debemos tener la actitud que tuvo Cristo, «el cual, siendo en forma de Dios, no estimó el ser igual a Dios como cosa a que aferrarse, sino que se despojó a sí mismo [...]; y estando en la condición de hombre, se humilló a sí mismo, haciéndose obediente hasta la muerte, y muerte de cruz» (Filipenses 2:6-8 RVR1960).

Es necesario que confiemos en la Palabra de Dios, dejemos de lado la altivez y nos mantengamos humildes, sencillos y obedientes, con un corazón confiado y dispuesto a cumplir la voluntad de nuestro Creador. Esta actitud será clave para encontrar la verdadera prosperidad, que no se limita a lo material, sino a la paz, la plenitud y el crecimiento espiritual.

Desafío diario

Haz un acto de humildad con alguien y confía en que Dios está presente y valora tus acciones.

Día 13

Dios actúa a tu favor

Nunca antes hubo oídos que lo oyeran ni ojos que lo vieran, ni nadie supo de un Dios que, como tú, actuará en favor de aquellos que en él *confían* (Isaías 64:4 RVC, énfasis añadido).

Este versículo nos revela que solo existe un verdadero Dios que actúa a favor de aquellos que confiamos completamente en Él, y que su nombre es Jehová.

Esto llena de gozo nuestros corazones y nos da esperanza, pues sabemos que contamos con un Padre todopoderoso que siempre nos brinda su ayuda, aun cuando fallamos y nos equivocamos.

Jehová es un Dios que vive y reina por los siglos, un Dios que siempre está obrando para que alcancemos nuestra salvación, un Dios intencional que nos permite apreciar su amor y majestuosidad en las cosas simples de la vida, un Dios que nos escucha en todo momento y nos ofrece un apoyo incondicional. Él nos recuerda constantemente su promesa: «Yo estoy con ustedes todos los días, hasta el fin del mundo» (Mateo 28:20 NBLA). ¿Acaso hay una promesa más hermosa que esta? Su presencia es todo lo que necesitamos; cuando estamos en Dios y confiamos en Él, disfrutamos de su favor.

Desafío diario

Recuerda alguna situación de tu vida en la que hayas experimentado el favor de Dios y tómate un momento para reflexionar y expresar tu gratitud.

Día 14

Vuelve a Dios

Tú, pues, vuélvete a tu Dios; guarda misericordia y juicio, y en tu Dios *confía* **siempre** (Oseas 12:6 RVR1960, énfasis añadido).

Oseas, un profeta de Dios enviado a llamar al pueblo de Israel a un arrepentimiento sincero, a la obediencia y a la fidelidad, nos recuerda en este versículo que siempre debemos volver a Dios. Esto implica que debemos reconocer nuestras faltas y arrepentirnos sinceramente, porque solo de esta manera podremos recibir su perdón.

Oseas nos recuerda tres aspectos importantes que debemos tener en cuenta en nuestra vida diaria:

1. Guardar misericordia: Actuar con amor, compasión y bondad hacia los demás, estar dispuestos a ayudar a los que lo necesitan. Este acto nos torna más parecidos a nuestro Hacedor y refleja el amor que Él ha derramado en nosotros.

2. Guardar juicio: Ser justos e íntegros, actuar correctamente en todo lo que hagamos y reconocer que nuestras decisiones y acciones tienen consecuencias y que, por tanto, debemos asumir la responsabilidad de estas.

3. Confiar siempre: Creer y tener fe en Dios en todo momento, hasta en los tiempos difíciles.

Algunas veces, las distracciones de nuestra vida diaria nos alejan de lo importante; perdemos de vista lo esencial. Sin embargo, la misericordia, la bondad y el amor ilimitado de Dios siempre nos invitan a regresar a Él. En lo más profundo de nuestro ser podemos sentir ese llamado, y, al volver a sus brazos, nos damos cuenta de que el Señor siempre está listo para recibirnos, sin reproches, sin críticas, sin juicios: Dios solo anhela que regresemos a Él y confiemos en Él.

Desafío diario

Si hoy estás alejado/a del Señor, te invito a que vuelvas. Experimenta su perdón, su gracia y su amor inmerecido.

Día 15

Pon atención al manual de vida

El que pone atención a la palabra hallará el bien, y el que *confía* en el Señor es bienaventurado (Proverbios 16:20 NBLA, énfasis añadido).

Dios nos da la clave para vivir una vida en la que «[hallemos] el bien». Para lograrlo, es esencial tener presentes las Escrituras y nutrirnos espiritualmente de ellas cada día. La Palabra de Dios nos da entendimiento, abre nuestros ojos, nos guía a la verdad, nos da sabiduría, nos brinda discernimiento, nos ofrece consejos sabios y nos permite tomar decisiones basadas en los principios divinos. ¡No hay mejor regalo que este! Nuestro Padre es tan bueno y generoso que nos dio como regalo un manual de vida, aunque a menudo no le dedicamos el tiempo suficiente o quizá lo pasamos por alto.

En Hebreos 4:12 (RVR1960) dice: «Porque la palabra de Dios es viva y eficaz, y más cortante que toda espada de dos filos; y penetra hasta partir el alma y el espíritu…». Esto nos muestra por qué hallaremos el bien: ¡Porque esta Palabra está «viva»! Tiene un poder incomparable, capaz de entrar y transformar vidas. No se trata de un libro cualquiera, sino de la inspiración completa de Dios; por eso es tan importante prestarle atención minuciosamente.

Debemos ser conscientes de que tenemos la solución para hallar el bien en nuestra vida y para seguir el camino bueno y verdadero; esto solo depende de nuestra actitud y disposición.

Recordemos que, si ponemos atención a la Palabra de Dios y confiamos en Él, seremos bienaventurados.

Desafío diario

Dedica tiempo a la lectura diaria de la Palabra de Dios.

Día 16

Haz el bien a tu prójimo

Confía **en el Señor, y haz el bien; habita en la tierra, y cultiva la fidelidad** (Salmo 37:3 NBLA, énfasis añadido).

La confianza en Dios va de la mano con nuestro actuar —si confiamos en Dios, actuamos como Él nos enseña—, y este salmo nos dice que debemos hacer el bien en todo tiempo, es decir, que debemos sembrar semillas de bondad y generosidad con los demás.

Para Dios es importante que actuemos con amor, amabilidad y justicia con las personas que nos rodean, siguiendo el ejemplo y las enseñanzas de Jesús.

Jesús es nuestro claro ejemplo y modelo de cómo habitar correctamente en la tierra; su forma de actuar y de vivir fue practicando el bien cada día: Él sanó, oró, alimentó y hasta sacrificó su vida por los demás. Su esencia era hacer lo bueno siempre. Jesús se caracterizó por sus acciones, por su confianza en Dios Padre y por su fidelidad.

De la misma manera debemos actuar nosotros aquí en la tierra, bondadosa y fielmente, para que, cuando estemos en lo alto con nuestro Padre celestial, tengamos el privilegio de escuchar: «Bien, siervo bueno y fiel; en lo poco fuiste fiel, sobre mucho te pondré; entra en el

gozo de tu señor» (Mateo 25:23 NBLA). ¡Qué gran satisfacción sentiremos en el Cielo cuando escuchemos
estas palabras!

Desafío diario

En el día de hoy practica el bien con alguna persona
de tu entorno y sé fiel a Dios.

Día 17

Prioriza tu relación con Dios

Guarda mi alma, porque soy piadoso; salva tú, oh Dios mío, a tu siervo que en ti *confía* (Salmo 86:2 RVR1960, énfasis añadido).

Este salmo fue escrito por David, un hombre que se caracterizó por ser conforme al corazón de Dios (*cf.* Hechos 13:22 RVR1960). Podemos ver tres cosas importantes en el salmista:

1. David teme por su alma y por su vida.
2. David reconoce su piedad; esto no significa que se considere perfecto o santo, sino que reconoce su deseo verdadero de agradar a Dios y humildemente le pide ayuda, porque tiene la certeza de que su salvación proviene solo de Él.
3. David tiene confianza en Dios: se expresa de manera natural y sincera, y confía en que únicamente Dios puede ayudarlo.

Esto refleja la profunda relación que tenía David con Dios, una relación basada en la dependencia absoluta y en la confianza, pues el salmista confiaba plenamente en el Señor y encomendaba su vida a Él, porque tenía la certeza de que Dios nunca lo abandonaría: creía en su Palabra cuando nos dice: «Porque Dios ha dicho: "No te desampararé, ni te abandonaré"» (Hebreos 13:5 RVC).

Esto nos permite ver que tenemos la necesidad de cultivar una relación con Dios y que podemos acercarnos a Él a pedirle ayuda cuando lo necesitemos, confiados en que Él actuará a nuestro favor.

¡Recordemos que no estamos solos! Tenemos un Dios al que podemos dirigirnos de manera natural y real; Él siempre está.

Desafío diario

Cultiva tu relación con Dios diariamente. Estas son algunas formas: lee su Palabra, habla con Él, alábalo con cantos, enriquece tu espíritu con un mensaje inspirador o una prédica…

Día 18

Dios, tu Roca eterna

Confíen en el Señor para siempre, porque el Señor, el Señor mismo, es la Roca eterna (Isaías 26:4 NVI, énfasis añadido).

Isaías nos exhorta a mantener nuestra confianza en Dios siempre, en los tiempos buenos y en los tiempos malos. Asimismo, nos recuerda que el Señor es nuestra «Roca eterna», quien nos brinda estabilidad y seguridad.

A menudo decimos que confiamos en Dios, pero, en lo profundo de nuestro ser, nos embarga la angustia, la ansiedad y la preocupación. No podemos engañarnos a nosotros mismos; no es suficiente con expresar que confiamos en Dios: es esencial experimentarlo, ya que en algún momento tendremos que afrontar desafíos, momentos difíciles y cambios drásticos en nuestra vida, y será justo entonces cuando se probará nuestra verdadera confianza en Él.

Por esta razón, es fundamental experimentar y vivir esa confianza en el Señor, edificar nuestra vida sobre una base sólida establecida en Él, recordando que, aunque los problemas surjan, Dios permanece firme, constante, fiel e inmutable, como una roca; su Palabra afirma: «El Señor es mi roca, mi amparo, mi libertador; es mi Dios, la roca en que me refugio. Es mi escudo, el poder que me salva, ¡mi más alto escondite!» (Salmo 18:2 NVI).

Desafío diario

Confía en que Dios es tu «Roca eterna», quien te protege, te brinda seguridad y permanece firme a tu lado.

Día 19

Dios te librará

No tendrás miedo de los desastres repentinos ni de la ruina que les sobreviene a los perversos, porque el Señor te dará *confianza* y te librará de caer en alguna trampa (Proverbios 3:25-26 PDT, énfasis añadido).

Los «desastres repentinos» son situaciones inesperadas que pueden causarnos temor y hacer que cuestionemos nuestra confianza en Dios. Sin embargo, su Palabra nos enseña que no debemos sentir miedo, sino aferrarnos a Él con todo nuestro corazón.

Es inevitable tener que afrontar situaciones adversas en esta vida terrenal, porque vivimos en un mundo caído. Sin embargo, Dios nos recuerda que hay un propósito detrás de cada situación. En medio de esas dificultades y de los peligros que constantemente nos acechan, es importante que nos refugiemos en su presencia, porque es en esos momentos de crisis, vulnerabilidad y sensibilidad extrema cuando más podemos experimentar su compañía y fidelidad. Y es que precisamente en esas circunstancias es cuando más le buscamos, pues sabemos que, sin su ayuda, no podemos salir adelante.

A pesar de los peligros y trampas que existen en este mundo, Él promete librarnos, estar con nosotros en todo momento y darnos las fuerzas para afrontar cualquier circunstancia adversa con valentía y esperanza. Su Palabra dice: «Jehová de los ejércitos está con nosotros; nuestro refugio es el Dios de Jacob» (Salmo 46:7 RVR1960); «El Señor me librará de todo mal y me preservará para su reino celestial. A él sea la gloria por los siglos de los siglos. Amén» (2 Timoteo 4:18 NVI).

Desafío diario

Medita en este versículo y responde a esta pregunta de manera personal: ¿Realmente tu confianza en Dios se mantiene firme cuando pasas por alguna adversidad?

Día 20

Dios te planeó

Pero tú me sacaste del vientre materno; me hiciste reposar *confiado* en el regazo de mi madre. Fui puesto a tu cuidado desde antes de nacer; desde el vientre de mi madre mi Dios eres tú (Salmo 22:9-10 NVI, énfasis añadido).

Dios nos recuerda su constante cuidado desde el inicio de nuestra existencia. Él nos ha protegido y sustentado aun antes de nuestro nacimiento. En Isaías 44:2 (RVC), dice: «Yo soy el Señor, tu Hacedor, el que te formó desde el vientre y el que siempre te ayudará…».

A veces, olvidamos estos detalles significativos que reflejan el amor, la fidelidad y la ternura de nuestro Padre, pues las distracciones de la vida nos hacen pasar por alto lo que Él ha hecho y quiere hacer en nosotros. Sin embargo, hoy nuevamente Dios nos recuerda que nuestra vida es un regalo suyo y que, aun antes de que nuestros padres decidieran traernos al mundo, Él ya nos había escogido. ¡Tu vida y la mía han estado en sus manos desde el principio! Por tanto, debemos reconocerlo como nuestro Creador hasta el fin de nuestros días.

Aun sin ser conscientes, Dios siempre ha estado cuidándonos y planeando nuestro camino. Por ello, podemos estar confiados en Él, como algún día lo estuvimos en el regazo de nuestra madre: si Él cuidó de nosotros y nos hizo sentir seguros en ese momento, ¿por qué íbamos a dudar de su cuidado ahora? Nuestro Papá seguirá cuidándonos, protegiéndonos y guiándonos en todo momento: su amor hacia nosotros es inagotable.

Desafío diario

Te invito a recordar una experiencia personal donde hayas sentido la protección y el cuidado de Dios. Exprésale tu gratitud sincera por su presencia y su fidelidad.

Día 21

¡Vale la pena confiar en Dios!

De manera que decimos *confiadamente*: «El Señor es el que me ayuda; no temeré. ¿Qué podrá hacerme el hombre?» (Hebreos 13:6 NBLA, énfasis añadido).

El autor del libro de Hebreos manifestó la plena confianza que tenía en Dios; él no temía a los hombres, porque tenía la convicción de que Dios era quien lo cuidaba y lo protegía siempre.

Esta actitud es el ejemplo que nosotros debemos seguir: confiar en Dios y no preocuparnos por lo que las personas puedan hablar o hacer en contra de nosotros, pues lo que los demás pretendan hacer es insignificante comparado con el poder que Dios tiene para cuidarnos y librarnos.

¡Vale la pena confiar en Dios! Él es nuestra ayuda y está con nosotros cada día; en su Palabra hay promesas reconfortantes para nuestra alma, como la que se encuentra en Isaías 41:10 (RVR1960): «No temas, porque yo estoy contigo; no desmayes, porque yo soy tu Dios que te esfuerzo; siempre te ayudaré, siempre te sustentaré con la diestra de mi justicia». ¡Qué maravillosa promesa! Dios, una vez más, nos insta a no tener miedo a nada y nos promete su constante presencia y apoyo.

Realmente las Escrituras nos consuelan y nos animan a depositar nuestra confianza en Él.

Desafío diario

Reflexiona: ¿Estás convencido de que el Señor es tu ayuda en todo momento?

Día 22

Dios jamás te desampara

Por tanto, a ti, oh Jehová, Señor, miran mis ojos; en ti he *confiado;* no desampares mi alma (Salmo 141:8 RVR1960, énfasis añadido).

Cuando tenemos presente a Dios de manera real en nuestras vidas, nuestros ojos están constantemente puestos en Él; nuestro espíritu anhela su presencia en todo momento y se angustia al percibir erróneamente su ausencia. Este anhelo de sentir la continua presencia de Dios surge de nuestro espíritu, puesto que reconoce a su Creador, comprende la necesidad que tiene de Él y es consciente de que, sin su guía, no se puede vivir de manera plena.

El salmista reconoció la necesidad que tenía de Dios y demostró una actitud de dependencia absoluta de Él y confianza en Él. Esta actitud nos exhorta a tener nuestra mirada fija en el Señor, a reconocer que cada día lo necesitamos y a confiar en su fidelidad en todas las circunstancias que atravesemos, recordando que toda situación permitida por Dios nos deja enseñanzas, fortalece nuestra fe y coopera para nuestro crecimiento espiritual. Sabemos que Él todo lo hace con un propósito mayor que el nuestro, y que lo que Él permite sucede para nuestro beneficio, como enseña su Palabra: «Y sabemos que a los que aman a Dios, todas las cosas les ayudan a bien, esto es, a los que conforme a su propósito son llamados» (Romanos 8:28 RVR1960).

Desafío diario

Dedica unos minutos a reflexionar y a hablar con Dios, y exprésale tu dependencia y tu confianza en Él.

Día 23

Dios recompensa tu confianza

Como has *confiado* en mí, te daré tu vida como recompensa; te rescataré y te mantendré seguro. ¡Yo, el Señor, he hablado! (Jeremías 39:18 NTV, énfasis añadido).

En este versículo se refleja el inmenso amor y protección de Dios hacia sus hijos. Podemos tener la certeza y la confianza de que Él nos cuidará en todo momento y nos mantendrá seguros, aun en los momentos más oscuros, tal como hizo con su profeta Jeremías.

En ocasiones, la incertidumbre y la desconfianza nos causan temor. Sin embargo, Dios nos recuerda que debemos confiar, tener la seguridad de que Él está a nuestro lado protegiéndonos, guardándonos de todo mal y obrando a nuestro favor.

¿Realmente entendemos la magnitud de esta palabra? Dios es inmensamente bueno, nos ama a pesar de que fallamos día tras día, nos cuida, nos protege, nos guía, nos provee y, además, nos recompensa por nuestra confianza en Él. Su fidelidad no tiene límites; el Señor es el único que está incondicionalmente para nosotros. Su Palabra afirma que: «Si fuéremos infieles, él permanece fiel; Él no puede negarse a sí mismo» (2 Timoteo

2:13 RVR1960). De modo que su esencia es ser un Padre completamente fiel con sus hijos.

Desafío diario

Durante el día medita en este versículo y agradece a Dios por tanto amor inmerecido, por su gran fidelidad y por su constante cuidado.

Día 24

Dios escucha tus oraciones

Bendito sea Jehová, que oyó la voz de mis ruegos. Jehová es mi fortaleza y mi escudo; en él *confió* mi corazón, y fui ayudado, por lo que se gozó mi corazón, y con mi cántico le alabaré (Salmo 28:6-7 RVR1960, énfasis añadido).

Como podemos ver, el salmista clamó a Dios y experimentó la respuesta a sus ruegos. Este salmo nos exhorta a creer firmemente que Dios nos escucha y actúa como nuestro escudo protector. Él es nuestra ayuda constante; su Palabra nos lo recuerda: «Tú, mi Dios, eres quien me ayuda; tú, Señor, eres quien sustenta mi vida» (Salmo 54:4 RVC).

A veces, podemos sentir que Dios no está oyendo nuestras oraciones, ya sea por el tiempo que tardan en ser respondidas o por la naturaleza de la respuesta. Sin embargo, la realidad es que Dios siempre está atento a cada una de nuestras súplicas, pero el tiempo y la forma en que responde son parte de su sabiduría divina. Lo realmente significativo es que el Creador del universo se toma el tiempo para escucharnos y respondernos; esto, en sí mismo, es una enorme bendición.

De modo que podemos descansar y confiar plenamente en Jehová; pues bendito es Él, que nos oye y nos ayuda. ¡Sea alabado su nombre por cada una de las obras que hace en nuestras vidas y sea adorado con cánticos por los siglos de los siglos!

Desafío diario

Agradece a Dios porque te escucha, y alábale y adórale con cánticos. Disfruta de este momento íntimo en la presencia de tu Padre.

Día 25

Dios te muestra su amor

Por la mañana hazme saber de tu gran amor, porque en ti he puesto mi *confianza*. Señálame el camino que debo seguir, porque a ti elevo mi alma (Salmo 143:8 NVI, énfasis añadido).

Cada mañana, al despertar, lo primero que debe venir a nuestra mente es lo afortunados que somos porque Dios nos ha permitido vivir un nuevo día. La Palabra de Dios asegura que «nuevas son [sus misericordias] cada mañana» (Lamentaciones 3:23 RVR1960). Esto significa que cada día es una oportunidad de experimentar su gran amor y misericordia. Sin embargo, en ocasiones pasamos por alto estas bendiciones: no siempre percibimos la presencia de Dios en los pequeños detalles de la vida ni valoramos las cosas simples, que, en realidad, son las más significativas.

Aunque a veces las dificultades de la vida o las distracciones del mundo pueden hacernos *perder de vista* u *olvidar* estas verdades, es fundamental recordar que Dios está presente en todo. Él habita en nosotros y se manifiesta en toda su creación, y, a través de ello, nos señala el camino que debemos seguir.

Al igual que el salmista, debemos confiar en que cada mañana Dios nos revelará su amor, porque hemos depositado nuestra confianza en Él. No debemos limitarnos a sentir su presencia y amor un solo día; necesitamos experimentarlos a diario a lo largo de toda nuestra vida. En lugar de conformarnos con una experiencia esporádica, esforcémonos por profundizar intencionalmente en nuestra relación con nuestro Padre.

Desafío diario

Cada mañana, al despertar, habla con Dios y hazle saber lo agradecido que estás por su amor.

Día 26

Dios se glorifica cuando confías en Él

Con todo, se detuvieron allí mucho tiempo hablando valientemente, *confiados* en el Señor que confirmaba la palabra de Su gracia, concediendo que se hicieran señales y prodigios por medio de sus manos (Hechos 14:3 NBLA, énfasis añadido).

Para tener un contexto más claro de este versículo, recordemos que Pablo y Bernabé, seguidores de Jesús, estaban predicando la Palabra de Dios. Muchas de las personas que los escuchaban creían en el mensaje, pero otras no creían y hasta lo rechazaban; no obstante, Pablo y Bernabé no se rendían, sino que continuaban «hablando valientemente» y confiando en Dios.

Con esto podemos reflexionar sobre la importancia de confiar en el Señor. En ocasiones, nos desanimamos pronto cuando las cosas no salen según lo que esperamos y dudamos de los planes de Dios; sin embargo, este versículo nos deja claro que, cuando confiamos, Él se glorifica y da testimonio a todos.

En esta ocasión lo hizo por medio de señales, prodigios y milagros, mostrando su amor y gracia a quienes creían, pero no siempre será así: no siempre veremos pruebas tangibles; a veces debemos confiar sin ver, debemos dar pequeños pasos de fe, aunque nos enfrentemos a adversidades o rechazos. Lo verdaderamente importante es transmitir el mensaje de Dios con perseverancia, pues el propósito fundamental es que las personas conozcan de Dios, sean salvas y depositen su confianza en Él; los milagros y las bendiciones vendrán como consecuencia de creer firmemente.

Desafío diario

Te animo a que seas valiente como los seguidores de Jesús e impartas su mensaje a las personas de tu alrededor. Confía: Él confirmará su Palabra.

Día 27

No pongas tu confianza en ti; ¡confía en Dios!

En el fondo de nuestro corazón sentíamos que se nos había dado sentencia de muerte; sin embargo, esto sucedió para que aprendiéramos a dejar de confiar en nosotros mismos y *confiáramos* en Dios, quien es capaz de resucitar a los muertos (2 Corintios 1:9 PDT, énfasis añadido).

Este versículo nos enseña que, en los momentos de adversidad, podemos depositar nuestra confianza en Dios. Como vemos, los discípulos estaban en una situaión crítica que amenazaba sus vidas, pero decidieron confiar en Dios y no en su propio entendimiento o esuerzo. Estas personas desistieron de sus fuerzas humanas y decidieron poner su fe en Aquel que tiene todo el poder para obrar a nuestro favor.

Hoy, Dios nos recuerda que solo Él tiene el poder para librarnos de cualquier situación difícil por la que estemos pasando. Su Palabra dice en el Salmo 34:19 (RVR1960): «Muchas son las aflicciones del justo, pero de todas ellas le librará Jehová». Esta verdad nos muestra que atravesaremos aflicciones y circunstancias arduas —y hasta imposibles de solucionar de manera humana— en las que solamente podremos recurrir a la ayuda de Dios. De ese modo entenderemos que no se trata de nuestras capacidades o habilidades, sino del poder sobrenatural del Señor y de lo que Él hace por amor a nosotros; por tanto, nuestra confianza debe estar en Él.

Desafío diario

Hoy te invito a que pongas en las manos de Dios esa situación difícil que tú no puedes solucionar. Recuerda que no importa lo grande que sea la dificultad: Él tiene todo el poder para librarnos.

Día 28

Un acto de amor y confianza

El rey entonces se alegró mucho y mandó sacar a Daniel del foso. Cuando Daniel fue sacado del foso, no se encontró en él lesión alguna, porque había *confiado* en su Dios (Daniel 6:23 NBLA, énfasis añadido).

Este versículo relata un evento significativo en la vida de Daniel, un milagro divino.

En aquel tiempo Daniel disfrutaba de las bendiciones de Dios gracias a su estrecha relación con Él, y esas bendiciones eran tan visibles que suscitaban celos en los demás. Debido a esos celos y esa envidia, algunos líderes intentaron destruirlo convenciendo al rey de establecer una ley que prohibiera la adoración a cualquier otro dios que no fuera el rey mismo. Sin embargo, Daniel no la acató, sino que se mantuvo fiel a su único Dios orando tres veces al día tal como solía hacer.

El problema fue que, al negarse Daniel a cumplir este decreto, el rey mandó arrojarlo al foso de los leones, de donde nadie salía con vida. No obstante, ocurrió un hecho verdaderamente sobrenatural y extraordinario que puso de manifiesto el inmenso poder de Dios: Daniel salió del foso sin ninguna lesión.

Como podemos ver en esta historia, el profeta Daniel decidió confiar y prefirió hasta morir antes que traicionar su fe, lo que fue la clave de su milagro. Esto nos exhorta a ser fieles a Dios y a confiar en Él. Cuando confiamos sin dudar en medio de una situación desesperante y sin solución para nosotros, podemos experimentar la palabra viva que se menciona en Lucas 1:37 (RVR1960): «Porque nada hay imposible para Dios».

Desafío diario

En el día de hoy te invito a reflexionar sobre tu fidelidad a Dios. ¿Realmente le eres fiel, como Daniel?

Día 29

Pon tus ojos en el Señor

Hijo mío, no se aparten estas cosas de tus ojos; guarda la ley y el consejo, y serán vida a tu alma, y gracia a tu cuello. Entonces andarás por tu camino *confiadamente*, y tu pie no tropezará (Proverbios 3:21-23 RVR1960, énfasis añadido).

Dios nos alienta a mantener nuestra mirada firme en Él, a enfocar nuestra mente en lo verdaderamente importante, a desechar todo aquello que nos aparta de su presencia y a guardar su Palabra; esto implica obedecerla: no solo leerla, sino ponerla en práctica en nuestra vida diaria.

Cuando disponemos nuestro corazón a contemplar, meditar y obedecer, escuchamos claramente la voz de Dios, aplicamos sus consejos —que son fuente de sabiduría—, caminamos «confiadamente» sin tropezar y disfrutamos de una larga vida llena de gracia. Esta enseñanza nos invita a reflexionar sobre la importancia de mantener nuestra atención en Jesucristo. En Hebreos 12:2 (RVC) nuevamente se nos exhorta a «[fijar] la mirada en Jesús, el autor y consumador de la fe, quien por el gozo que le esperaba sufrió la cruz y menospreció el oprobio, y se sentó a la derecha del trono de Dios».

A pesar de las distracciones de la vida, no debemos apartarnos de lo esencial, debemos retener y practicar el consejo de nuestro Papá.

Desafío diario

En este día decide aplicar algún consejo que Dios te haya dado. Sin duda, será de bendición para ti.

Día 30

Dios es tu refugio

Confíen **en Él en todo tiempo, oh pueblo; derramen su corazón delante de Él; Dios es nuestro refugio.** (Selah) (Salmo 62:8 NBLA, énfasis añadido).

Dios anhela ser nuestro amigo incondicional; además de ser nuestro Padre y Protector, también desea que confiemos en Él como haríamos con un amigo cercano.

A menudo necesitamos compartir nuestros sentimientos más profundos con buenos amigos, y eso es precisamente lo que Dios quiere que hagamos con Él, que derramemos nuestro corazón ante su presencia. Aunque sabemos que Dios lo sabe todo acerca de nosotros, Él desea que tengamos la confianza de expresarnos de manera sincera, sin fingimiento y sin reservas. Su anhelo es que nos presentemos tal como somos y que le compartamos todas nuestras preocupaciones, temores, problemas, luchas y sueños más profundos. Ciertamente, este acto de expresarnos lo podemos hacer con un compañero o amigo, ¿pero no sería más significativo hacerlo con nuestro Amigo más fiel, Aquel que siempre está a nuestro lado?

Al hacerlo, Dios no solo nos escucha, sino que también nos ayuda a encontrar una solución para cada situación a la que nos enfrentemos. Por esa razón, es fundamental confiar en el Señor y abrir completamente nuestro corazón ante Él, porque solo de esa forma nos liberamos de nuestras cargas, le damos un respiro a nuestra alma y permitimos que Dios, en su inmensa misericordia y amor, nos guíe y dirija.

Recordemos que Él es nuestro *Padre, Protector, Amigo y Guía.*

Desafío diario

Hoy te invito a derramar tu corazón completamente delante de Dios.

Día 31

Valentía y confianza

Entonces Nabucodonosor dijo: «¡Alabado sea el Dios de Sadrac, Mesac y Abed-nego! Envió a su ángel para rescatar a sus siervos que *confiaron* en él. Desafiaron el mandato del rey y estuvieron dispuestos a morir en lugar de servir o rendir culto a otro dios que no fuera su propio Dios» (Daniel 3:28 NTV, énfasis añadido).

Este versículo nos inspira a ser valientes. Sadrac, Mesac y Abed-nego demostraron su amor al Señor y su valentía con sus acciones, al preferir la muerte antes que adorar a otro dios. Ellos permanecieron fieles al Dios verdadero hasta el último momento, priorizando su deseo de agradarle a Él y no al rey, lo que permitió que vivieran una verdad que Jesucristo expresaría más tarde: «Porque todo el que quiera salvar su vida, la perderá; y todo el que pierda su vida por causa de mí, la hallará» (Mateo 16:25 RVR1960).

Es importante resaltar dos aspectos significativos de esta historia: en primer lugar, el testimonio de valentía de estos tres hombres permitió que el rey Nabucodonosor presenciara el poder sobrenatural del Señor, lo que lo llevó a creer y a reconocer que Jehová es el único y verdadero Dios; y, en segundo lugar, Dios salvó y recompensó a Sadrac, Mesac y Abed-nego por su confianza y fidelidad.

Esto nos exhorta a estar preparados para actuar con valentía en aquellas situaciones en las que seamos tentados a negar a Dios o a adorar otras cosas. Debemos tener presente que, en cualquier momento, podemos enfrentarnos a circunstancias desafiantes que hasta pueden poner nuestra vida en riesgo por causa de nuestra fe; es entonces cuando debemos mantenernos firmes y recordar que nosotros, los hijos de Dios, somos el testimonio viviente para aquellos que aún no creen.

Desafío diario

Te invito a reflexionar acerca de estas preguntas:

1. ¿Estarías dispuesto/a a dar tu vida por amor al Señor?
2. ¿Realmente das testimonio del amor de Dios en tu vida?
3. ¿Confías en la voluntad de Dios independientemente de lo que veas?

Día 32

Aunque tus ojos vean lo contrario, confía en lo que Dios te ha dicho

Anoche se me apareció un ángel del Dios a quien pertenezco y sirvo, y me dijo: «No tengas miedo, Pablo. Tienes que comparecer ante el césar y Dios te ha concedido la vida de todos los que navegan contigo». Así que ¡ánimo, señores! *Confío* **en Dios que sucederá tal y como se me dijo** (Hechos 27:23-25 NVI, énfasis añadido).

Como sabemos, Pablo era un hombre que seguía y obedecía fielmente los caminos de Dios. En esta ocasión, se dirigía hacia Roma para comparecer ante el césar debido a la persecución que afrontaba por predicar el evangelio y hablar de Jesucristo.

Durante el viaje en barco, ocurrió un naufragio que puso en peligro su vida y la de los demás pasajeros. En medio de esta situación crítica —donde el apóstol sintió miedo y hasta llegó a pensar que moriría—, recibió una revelación divina del propósito de Dios: comparecer ante el césar sin que se perdiera su vida en el naufragio ni tampoco la de los tripulantes.

Con firmeza y sin vacilar, Pablo no dudó ni por un instante en transmitir este mensaje a los demás, y confió de inmediato en las palabras de Dios, a pesar de que las circunstancias indicaban lo contrario. En lugar de dejarse llevar por lo que veía, decidió aferrarse a la fe recordando el principio de *andar por fe y no por vista* (*cf.* 2 Corintios 5:7 RVR1960).

Esto nos enseña a creer en Dios en situaciones donde no vemos una solución clara, tal como hizo el apóstol. Algunas veces nuestra visión limitada en lo terrenal puede engañarnos y hacernos dudar. Sin embargo, es crucial recordar que nuestra confianza debe estar en lo que el Señor ha dicho, aun cuando nuestros ojos vean lo opuesto.

Desafío diario

Hoy te invito a que confíes en la palabra que te ha dado Dios en tu situación específica. Aunque tus ojos vean lo contrario, se hará lo que Él ha dicho.

Día 33

Dios realmente te oye

En cuanto a mí, busco la ayuda del Señor. Espero *confiadamente* que Dios me salve, y con seguridad mi Dios me oirá (Miqueas 7:7 NTV, énfasis añadido).

Esta pequeña reflexión del profeta nos alienta a confiar en Dios. Miqueas dirigió su mirada al Señor y declaró que, en medio de las adversidades o necesidades, buscaría su ayuda y esperaría en Él para ser libre y salvo.

La certeza y firme convicción que Miqueas tenía de que Dios era su único Salvador refleja una profunda fe y confianza que le permitió estar seguro de ser escuchado en sus oraciones. Esto nos revela dos aspectos significativos: en primer lugar, que Miqueas tenía una profunda relación con Dios, y, en segundo lugar, que posiblemente el profeta había vivido experiencias previas en las que Dios había respondido a sus oraciones y lo había librado, lo cual había reforzado su fe y le había hecho mantener la esperanza.

Miqueas nos recuerda que podemos confiar y esperar en Dios, y tener la certeza de que Él oye nuestras oraciones, pues su Palabra así nos lo promete: «Bendito sea Dios, que no ha desechado mi oración, ni apartado de mí Su misericordia» (Salmo 66:20 NBLA).

Pon en manos de Dios la situación que estés viviendo y confía en que Él escucha tu oración y te brinda su favor.

Día 34

Anímate a confiar en Dios

Pero alégrense todos los que en ti *confían;* den voces de júbilo para siempre, porque tú los defiendes; en ti se regocijen los que aman tu nombre (Salmo 5:11 RVR1960, énfasis añadido).

¡Qué maravilloso es confiar en Dios! Animémonos a seguir el ejemplo del salmista, quien nos invita a confiar y a encontrar alegría en Él.

El Señor nos ama y nos conoce hasta mejor que nosotros mismos, pues Él nos creó y desea lo mejor para nuestras vidas. Por esta razón, podemos confiar en su voluntad, alegrarnos y deshacernos de cualquier desánimo que intente entrar en nuestro corazón, ya que este sentimiento no proviene de Él. Su deseo es que nos alegremos y nos deleitemos en su nombre, y que nuestra alegría dependa únicamente de nuestra relación con Él, no de nuestras emociones ni de las situaciones cotidianas, que pueden entristecernos.

Confiar en Dios es un privilegio, y aquellos que aún no lo han hecho de manera genuina pueden comenzar a hacerlo y a descubrir la alegría que esa confianza trae consigo. En Filipenses 4:4 (RVR1960) se nos anima a ello: «Regocijaos en el Señor siempre. Otra vez digo: ¡Regocijaos!».

Desafío diario

Dile a Dios: «Señor, quiero regocijarme en tu nombre. Permíteme estar alegre, y que mi alegría provenga y dependa de ti».

Día 35

¿Has experimentado la bondad de Dios?

Gustad, y ved que es bueno Jehová; dichoso el hombre que *confía* **en él** (Salmo 34:8 RVR1960, énfasis añadido).

El salmista nos invita a probar y experimentar la bondad del Señor; no se trata solo de creer que Dios es bueno, sino de vivir la experiencia de contemplarlo y conocerlo.

Esto nos lleva a reflexionar sobre cómo los diversos desafíos que afrontamos son oportunidades para descubrir la benevolencia de Dios. ¿Cómo podríamos saber que Dios es nuestro consuelo si nunca hemos experimentado tristeza, pérdida o dolor? ¿Cómo reconocer su poder sanador si no nos hemos enfrentado a una enfermedad? ¿Y cómo entender su provisión si no hemos estado en una situación crítica que requiera su ayuda urgente?

Cada uno de esos momentos difíciles nos brinda la oportunidad de experimentar que Dios es bueno, bondadoso y fiel. Es indudable que los desafíos son una parte inevitable de nuestra vida, pero, en lugar de verlos como obstáculos, podemos cambiar nuestra perspectiva y considerarlos como una oportunidad de conocer más a fondo la bondad de Dios. Podemos decirnos a nosotros mismos: «Este desafío me permitirá experimentar nuevamente su fidelidad».

En el Salmo 100:5 (NVI), dice: «Porque el Señor es bueno, su gran amor perdura para siempre y su fidelidad permanece por todas las generaciones». Este versículo nos recuerda que podemos confiar en Dios, que Él es bueno —¡siempre bueno!— y que su fidelidad permanece en todo momento: no ha existido ni existirá nadie en el mundo más bueno que Él.

Desafío diario

Toma este versículo y anótalo en un lugar visible para que diariamente puedas leerlo, recordarlo y confiar en que Dios siempre es bueno.

Día 36

Dios está presente

Aunque un ejército acampe contra mí, no temerá mi corazón; aunque contra mí se levante guerra, yo estaré *confiado* (Salmo 27:3 RVR1960, énfasis añadido).

¡Qué mensaje tan poderoso! En algunas ocasiones tenemos diferencias con personas que no nos aceptan por nuestra forma de ser, hablar o vivir; hay quienes hasta desean hacernos daño.

Esta era la situación que vivía el salmista: estaba siendo perseguido y atacado por sus enemigos; sin embargo, él recordaba la Palabra de Dios, se animaba a sí mismo y confiaba en que el Señor estaba a su lado protegiéndolo y guardándolo en todo momento.

De la misma forma, debemos actuar y recordar que Dios está y estará presente en nuestras vidas aunque el mundo se levante en nuestra contra.

Jehová es nuestra luz, fortaleza y salvación (*cf.* Salmo 27:1 RVR1960). Él nos protege, nos libra de todo mal y tiene el poder de darnos su gracia y favor. Su Palabra afirma que «si Dios está a nuestro favor, nadie podrá estar en contra de nosotros» (Romanos 8:31 RVC).

De modo que podemos permanecer confiados, sin permitir que el temor invada nuestro corazón, porque Dios está con nosotros en todo momento.

Desafío diario

Te invito a que memorices este versículo. Cada vez que te sientas atacado/a o vulnerable por alguna persona o situación, recuérdalo y confía en Dios.

Día 37

¡Permanece en Dios!

Así sabemos que Dios nos ama y *confiamos* en el amor que él nos tiene. Dios es amor. El que permanece en el amor, permanece en Dios y Dios en él (1 Juan 4:16 PDT, énfasis añadido).

Este versículo es impactante, porque, a través de sus palabras, podemos creer en el amor tan grande que Dios tiene hacia nosotros y comprender ese amor. La esencia de Dios es el amor: no es una simple emoción suya, sino su característica principal. Él es amor por naturaleza; el amor es inherente a su existencia, forma parte de su *ADN*.

En ocasiones, cuando nos enfrentamos a situaciones difíciles que son parte de la vida, tendemos a olvidar el inmenso amor que Dios tiene hacia nosotros, a desconfiar de ese amor y hasta a dudar de él; sin embargo, es fundamental recordar que, aunque vivamos circunstancias adversas y dolorosas en este mundo, Dios nos ama profundamente; tanto nos ama «que ha dado a su Hijo unigénito, para que todo aquel en él cree, no se pierda, mas tenga vida eterna» (Juan 3:16 RVR1960).

¿Realmente podemos comparar este amor con otro? Él entregó a su Hijo unigénito por amor a ti y por amor a mí.

Esto nos invita a reflexionar y a confiar plenamente en el amor de Dios; en verdad no existe un amor más grande que el de nuestro Padre. Así que permanezcamos en su amor, y, de esa forma, Él permanecerá en nosotros (*cf.* Juan 15:4,9 RVR1960).

Desafío diario

Te invito a reflexionar:
¿Confías en el amor que tiene Dios hacia ti?
¿Cómo puedes permanecer en el amor de Dios?

Día 38

Cuando tengas miedo, recuerda el poder de Dios

Porque oigo la calumnia de muchos; el miedo me asalta por todas partes, mientras consultan juntos contra mí e idean quitarme la vida. Mas yo en ti *confío*, oh Jehová; digo: Tú eres mi Dios (Salmo 31:13-14 RVR1960, énfasis añadido).

En esta reflexión destaca que el autor, a pesar del miedo y la angustia que sentía, mantenía una constante conexión con Dios, *la verdadera fuente de vida*. A pesar de la situación desafiante que estaba viviendo, el salmista le expresaba a Dios sus sentimientos de manera sincera y declaraba una confianza inquebrantable en Él.

¿Alguna vez hemos sentido que el miedo nos paralizaba y nos impedía orar o creer que hay una solución posible? Muchas veces nos pasa; sin embargo, el salmista nos enseña que, a pesar de la situación por la que estemos pasando, debemos seguir conectados a Dios, con la confianza firme en Él y en su capacidad para librarnos.

El autor del salmo estaba profundamente convencido de la protección del Señor y de su cuidado divino en medio de las dificultades; tenía claro que su vida estaba en manos de Él, como afirma la Palabra en Job

12:10 (NVI).: «En sus manos está la vida de todo ser vivo y el aliento que anima a todo ser humano».

Desafío diario

Te animo a orar y a depositar tu confianza en Dios cuando te enfrentes a una situación desafiante.

Día 39

Has hallado gracia a los ojos de Dios

A ti, Señor, cantaré; aunque te enojaste contra mí, tu indignación cesó y me has dado consuelo. ¡Vean a Dios, mi salvador! Puedo estar *confiado* y sin temor alguno, porque el Señor es mi fortaleza y mi canción; ¡él es mi salvador! (Isaías 12:1-2 RVC, énfasis añadido).

Isaías nos recuerda que, aunque somos pecadores y nuestra naturaleza pecaminosa está en contra del carácter de Dios, su gracia ha sido más grande que nuestro pecado. Hemos hallado gracia a sus ojos; su Palabra dice: «Yo te he conocido por tu nombre, y has hallado también gracia en mis ojos» (Éxodo 33:12 RVR1960).

Algunas veces nos equivocamos y pensamos que, al entristecer a Dios, Él nos rechazará; sin embargo, su amor es tan perfecto que, aunque fallemos, hallaremos perdón, consuelo y fortaleza para seguir adelante si nos arrepentimos de manera sincera, pues «si confesamos nuestros pecados, él es fiel y justo para perdonar nuestros pecados, y limpiarnos de toda maldad» (1 Juan 1:9 RVR1960).

Isaías pudo experimentar en primera persona la gracia y el amor incondicional de nuestro Padre, y lo dejó escrito como recordatorio y testimonio tanto para nosotros como para el mundo entero. Su mensaje nos recuerda que podemos confiar en un Dios «misericordioso y clemente» (Salmo 103:8 RVR1960).

Desafío diario

En el día de hoy te invito a meditar sobre la inmensidad del amor y la gracia de Dios.

Día 40

Cuando hay confianza, hay obediencia

Amados, si nuestro corazón no nos reprende, *confianza* tenemos en Dios; y cualquiera cosa que pidiéremos la recibiremos de él, porque guardamos sus mandamientos, y hacemos las cosas que son agradables delante de él (1 Juan 3:21-22 RVR1960, énfasis añadido).

El apóstol Juan expresa aquí que, «si nuestro corazón no nos reprende», es porque estamos actuando bajo la voluntad de Dios. Esto quiere decir que nos estamos esforzando cada día por mejorar nuestras actitudes y comportamientos; no somos perfectos, pero estamos intentando agradar a Dios con nuestra forma de vivir.

Por otro lado, el apóstol afirma que podemos tener «confianza [...] en Dios» para pedirle y recibir de Él, porque conocemos y «guardamos sus mandamientos»; ¿pero entendemos qué significa *guardar los mandamientos de Dios*? La Escritura dice en Juan 14:21 (RVC): «El que tiene mis mandamientos, y los obedece, ése es el que me ama; y el que me ama, será amado por mi Padre, y yo lo amaré, y me manifestaré a él». Como podemos ver, *guardar sus mandamientos* hace referencia al amor y a la obediencia a Dios.

Si verdaderamente le amamos y le obedecemos, podemos estar confiados en que recibiremos respuestas a nuestras oraciones; sin embargo, si no estamos viendo esto en nuestra vida, es fundamental detenernos a reflexionar sobre nuestra obediencia a su Palabra.

Desafío diario

Reflexiona sobre las siguientes preguntas:

1. ¿Estás obedeciendo la Palabra de Dios?
2. ¿Puedes estar confiado en que recibirás respuesta a tu oración?

APÉNDICE

Hemos completado los cuarenta días confiando en Dios. El número cuarenta tiene un significado muy especial: representa un tiempo de preparación para cambios y nuevos comienzos.

Algunas veces necesitamos un tiempo específico para conectarnos de manera profunda con Dios, *recargarnos* de su presencia y hacer cambios que permitan una verdadera transformación en nuestras vidas.

Espero de corazón que estos días hayan sido de bendición para ti, que cada palabra haya llegado profundamente a tu ser y que, a partir de ahora, puedas vivir una relación íntima con Dios basada en la confianza. Que Dios te bendiga siempre.

AGRADECIMIENTOS

Estoy profundamente agradecida con Dios por darme la oportunidad de escribir estas líneas. Como siempre, Él ha estado presente en cada paso de este proceso.

Quiero expresar mi gratitud a mi esposo, Manuel Felipe, por su apoyo incondicional y por animarme a publicar. También quiero agradecer a Alair, la educadora cristiana de mi iglesia, quien me ha orientado y aconsejado durante la creación de estos escritos.

Por último, un sincero agradecimiento a mi editor, Samuel, por su profesionalismo y por su empatía durante la realización de este proyecto.

OTROS LIBROS DE LA AUTORA

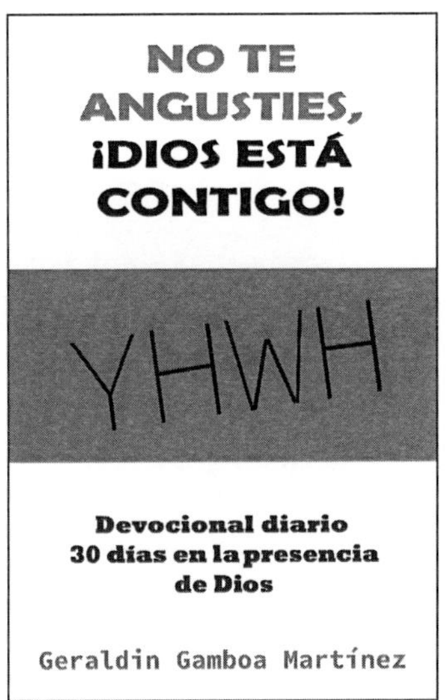

Consíguelos en:
www.talentopublicaciones.com/tienda
info@talentopublicaciones.com